Xavier Cornette de Saint Cir

Caderno de exercícios para
descobrir os seus talentos ocultos

Ilustrações de Jean Augagneur

Tradução de Stephania Matousek

EDITORA VOZES
Petrópolis

© Éditions Jouvence, 2009
Chemin du Guillon 20
Case 184
CH-1233 — Bernex
http://www.editions-jouvence.com
info@editions-jouvence.com

Título do original em francês:
Petit cahier d'exercices pour découvrir ses talents cachés

Direitos de publicação em língua portuguesa — Brasil.
2011, Editora Vozes Ltda.
Rua Frei Luís, 100
25689-900 Petrópolis, RJ
www.vozes.com.br
Brasil

Todos os direitos reservados. Nenhuma parte desta obra poderá ser reproduzida ou transmitida por qualquer forma e/ou quaisquer meios (eletrônico ou mecânico, incluindo fotocópia e gravação) ou arquivada em qualquer sistema ou banco de dados sem permissão escrita da editora.

CONSELHO EDITORIAL

Diretor
Gilberto Gonçalves Garcia

Editores
Aline dos Santos Carneiro
Edrian Josué Pasini
Marilac Loraine Oleniki
Welder Lancieri Marchini

Conselheiros
Francisco Morás
Ludovico Garmus
Teobaldo Heidemann
Volney J. Berkenbrock

Secretário executivo
João Batista Kreuch

Editoração: Frei André Luiz da Rocha Henriques
Projeto gráfico: Éditions Jouvence
Arte-finalização: Lara Kuebler
Capa/ilustrações: Jean Augagneur
Arte-finalização: Carlos Felipe de Araujo

ISBN 978-85-326-4165-6 (Brasil)
ISBN 978-2-88353-775-0 (Suíça)

Editado conforme o novo acordo ortográfico.

Este livro foi composto e impresso pela Editora Vozes Ltda.

Dados Internacionais de Catalogação na Publicação (CIP)
(Câmara Brasileira do Livro, SP, Brasil)

Cornette de Saint Cyr, Xavier
  Caderno de exercícios para descobrir os seus talentos ocultos / Xavier Cornette de Saint Cyr ; ilustração de Jean Augagneur ; tradução de Stephania Matousek. 4. ed. — Petrópolis, RJ : Vozes, 2014. — (Coleção Cadernos : Praticando o Bem-estar)

  Título original : Petit cahier d'exercices pour découvrir ses talents cachés
  Bibliografia.

  4ª reimpressão, 2019.

  ISBN 978-85-326-4165-6

  1. Autoconhecimento 2. Autorrealização 3. Atitude (Psicologia) 4. Conduta de vida 5. Desenvolvimento pessoal 6. Motivação (Psicologia) I. Augagneur, Jean. II. Título. III. Série.

11-05959

CDD-153.8

Índices para catálogo sistemático:
1. Motivação e desenvolvimento pessoal : Psicologia   153.8

Sorte ou talento?

« Não basta a sorte de ter talento; é preciso ainda o talento de ter sorte », já dizia Hector Berlioz. E daí? Esta afirmação é de alguma ajuda? Se você decidir que é mais fácil provocar do que encontrar a sorte, passará a agir pensando que não se deve esperá-la « cair do céu »; é preciso buscá-la.

De provérbios...

« *Ninguém é mais sortudo do que aquele que acredita ter sorte* ».

Provérbio alemão

« *Você só tem a sorte que criar* ».

Provérbio italiano

... e citações :

« *Sortudos aqueles que fazem tudo acontecer, e azarados aqueles com quem acontece de tudo* ».

Eugène Labiche

« *Sorte é a capacidade de aproveitar as boas oportunidades* ».

General Douglas MacArthur

Qual a diferença entre um azarado e um sortudo?

O primeiro diz: « É muito cedo, ainda não posso », e depois: « É muito tarde, não posso mais ».

O segundo afirma: « É agora, eu posso e vou em frente ».

Você está vendo que cada um pode decidir acreditar em algo que o ajude... ou que o atrapalhe. Isto mesmo; se quiser, você terá sorte, sorte de descobrir os seus talentos ocultos!

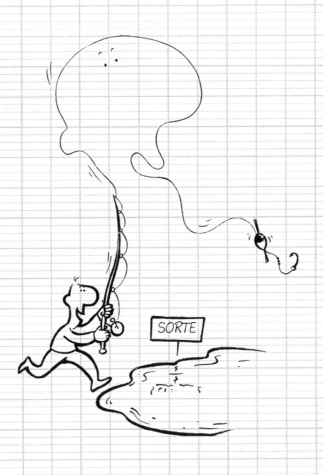

Então, venha descobrir os meios de realizar os seus sonhos, colocar aquela pimentinha que dá sabor à sua vida e, simplesmente, REALIZAR-SE!

Sempre perguntam por aí o que significa a palavra **talento**, se todo mundo tem, como encontrá-lo e se é possível perdê-lo ou... desenvolvê-lo?

Também escutamos por aí « respostas » prontas, julgamentos precipitados: « Eu? Não, não tenho talento! », « Talento é com os outros », « Se eu tivesse talento, eu saberia! » – Quem nunca disse ou escutou este tipo de « verdades »?

Com este livro, você descobrirá os seus segredos, para se desenvolver e se aperfeiçoar, para que a sua vida esteja à altura do que você espera dela! Somente isto! E, antes de as dúvidas surgirem, adote a máxima: **É possível**.

Escreva de preto, azul, vermelho e verde a seguinte frase:

« **Eu tenho talentos e vou explorá-los** ».

Os pontos fortes da sua vida

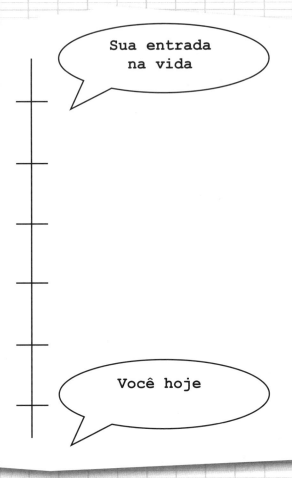

A escala acima resume a sua vida.
Anote os acontecimentos positivos e importantes que a marcaram, as situações em que você desempenhou um papel ativo. Não mencione nenhum drama ou fracasso. Anote os **sucessos** que lhe deram bastante energia e dos quais você se orgulha. Seja sucinto(a): apenas uma data e poucas palavras.

Em seguida, mesmo que as circunstâncias tenham sido diferentes, **busque o ponto em comum entre todos os seus sucessos**. Sua consciência do esforço necessário? Do desafio? Sua perspicácia? Sua capacidade de se associar com as pessoas certas? Os pontos que você identificar devem ser uma constante específica do seu jeito de ser. Anote-os aqui, você voltará ao assunto mais tarde.

-

-

-

-

-

-

-

-

Antes de começar, faça um teste sobre você mesmo(a)!

Que lugar os seus talentos ocupam na sua vida e no que você faz?

Você acredita no seu potencial e deseja utilizá-lo adequadamente?

Ou considera que « basta » ter competências e esperar as oportunidades « caírem do céu » ?

Vejamos:

1) Talento é:
   a) Um dom que me destaca dos outros.
   b) Uma coisa que eu sei fazer direito sempre.
   c) Uma « graça » reservada para a elite.
   d) Uma competência que eu desenvolvi.

2) Você acha que um talento...
   a) É a aptidão a fazer algo e pode ser usado em diversas esferas.
   b) Pode ser usado em outra esfera se eu me esforçar.
   c) Ocorre "por acaso" numa esfera qualquer.
   d) Limita-se a uma única esfera da vida.

3) Todo mundo tem talentos?
   a) Sim, mas poucos têm consciência disto.
   b) Sim, mas é difícil identificá-los.
   c) Não, só alguns "privilegiados".
   d) Não, talento não existe!

4) Se alguém lhe disser: "Quanto mais talentos você tiver, melhor é!", você pensará:
   a) Não, é melhor ter dois ou três sabendo explorá-los direito.

b) Sim, mas antes é preciso saber quais são úteis e utilizáveis.
c) Sim, riqueza não faz mal a ninguém!
d) Não, não é o talento que conta.

5) Para se realizar pessoalmente, é essencial aperfeiçoar todos os seus pontos fracos!
a) Não, pois assim eu só penso no que "está dando errado".
b) Não, não é melhorando um defeito que eu vou desenvolver uma qualidade.
c) Sim, não podemos nos contentar com a medio-cridade.
d) Sim, pois vencer na vida significa resolver os seus problemas.

6) É útil descobrir os seus pontos fortes e desenvolvê-los?
a) Sim, para utilizá-los como uma alavanca.
b) Sim, isto reforça a minha autoestima e autoconfiança.
c) Não, pois meus pontos fortes estão intimamente ligados a determinados contextos.
d) Não, para mim, o fato de eu ter pontos fortes já basta, não preciso desenvolvê-los.

7) Você acha que uma parte positiva de si mesmo(a) merece ser revelada?
a) Sim, muitas coisas ainda devem se manifestar, e eu sairei ganhando com isto.
b) Sim, em certas ocasiões eu me pego pensando nisto.
c) Não, eu acho que me conheço bem e sei expressar tudo o que eu sou.
d) Não, não vejo nenhuma utilidade nisto.

8) Você tem esperança de viver uma situação ou encontro que lhe dê "uma oportunidade"?
   a) Sim, eu gostaria de encontrar aquele "meio" de me revelar e ir longe.
   b) Sim, por que não? Seria ótimo, mas eu não corro atrás disto.
   c) Na verdade, não. Acho que é mais um sonho do que uma realidade possível.
   d) Não, não espero nada parecido, só conto com a minha força de vontade.

9) Durante a sua infância/adolescência, as pessoas ao seu redor elogiavam as suas habilidades e qualidades?
   a) Sim, lembro-me até de certos elogios em especial.
   b) Sim, ainda guardo algumas lembranças, mas não sei o que fazer com elas!
   c) Não, nada particularmente marcante ou que possa ser "explorado".
   d) Não, nunca.

10) E hoje? As pessoas ao seu redor lhe revelam as suas habilidades e qualidades?
   a) Sim, e isto é muito útil para a minha evolução pessoal.
   b) Sim, mas às vezes duvido da existência de tais qualidades.
   c) Não, quando isto acontece, duvido da sinceridade da pessoa e fico achando que ela está me adulando.
   d) Não, ninguém me diz nada. E mesmo que dissesse, isto não mudaria nada.

11) Hoje, acontece de você pedir para as pessoas ao seu redor citarem algumas das suas habilidades e qualidades?
   a) Sim, preciso saber em quais aspectos meus eu posso me fiar.

b) Sim, gosto de saber o que eu sou na opinião dos outros.
c) Não, eu teria a impressão de querer encher o meu ego!
d) Não, não vejo nenhuma utilidade nisto.

12) O que você diz quando obtém sucesso com alguma coisa importante?
a) Legal! Eu realmente possuo qualidades que posso explorar.
b) Estou contente, mas será que terei tanto su-cesso na próxima vez?
c) Que bom! Eu realmente tive sorte!
d) Qualquer outra pessoa poderia ter feito igual!

13) Para conseguir uma coisa que você deseja do fundo do coração:
a) Você emprega as qualidades, talentos e com-petências que possui e conhece.
b) Você pensa que alcançará bons resultados mobi-lizando as suas forças da maneira mais eficaz possível.
c) Você confia "na sorte" e... aconteça o que acontecer!
d) Você se diz: "Tomara que dê certo!" e ao mesmo tempo duvida do seu futuro sucesso.

14) Você já obteve sucesso uma vez. Aí, uma situação ou projeto idêntico se apresenta novamente:
a) Você conhece o processo que havia colocado em prática e decide reutilizá-lo.
b) Você pensa que, tendo conseguido uma vez, é capaz de repetir a façanha.
c) Você analisa a novidade como se fosse a primeira vez.
d) Você espera que a sorte sorria de novo para você.

15) Se você conhecesse três ou quatro principais talentos seus, pensaria que:

a) Isto realmente ajudaria você a realizar mais e melhor o seu projeto de vida.

b) Isto poderia lhe dar uma vantagem que seria útil em certas ocasiões.

c) Isto·não é essencial, mas não faz mal nenhum.

d) Isto não mudaria grandes coisas no que você faz e na maneira de fazê-lo.

Agora, calcule os pontos obtidos. É muito simples:

Resposta a = 3 pontos
Resposta b = 2 pontos
Resposta c = 1 ponto
Resposta d = 0 ponto

Pergunta nº	a	b	c	d
1				
2				
3				
4				
5				
6				
7				
8				
9				
10				
11				
12				
13				
14				
15				
Total				

Total geral (respostas a + b + c + d) = _____

Assim como os bonecas russas, um talento pode esconder outro.

Resultados:

· *Entre 31 e 45 pontos*

Você enxerga a vida de forma dinâmica! Em vez de corrigir os seus defeitos, prefere aumentar as suas qualidades e, assim, desenvolver um verdadeiro ponto forte: a capacidade de manter um desempenho constante, próximo da perfeição, em determinada atividade. **Talento + conhecimento teórico + conhecimento prático é uma combinação vitoriosa que permite seguir em frente.** Ela proporciona um aumento significativo da autoestima e, portanto, da autoconfiança. **Nada melhor para ousar, seguir em frente e realizar!**

· *Entre 16 e 30 pontos*

Você tem uma certa ideia do que é um talento e acha que, além de competências e *know-how*, esconde-se "um quê a mais" capaz de fazer a diferença em certas ocasiões. Você acredita que talento é raro, mas, pensando bem, a raridade não seria o talento empregado com discernimento num contexto adequado?

Você supõe que o talento se limite a uma única esfera da vida. Por que não utilizar os seus talentos pessoais no plano profissional? E vice-versa? Não é uma pena deixar enterrado um tesouro de qualidades e pontos fortes? Um sucesso esporádico é bom. **Um sucesso que se repete é ainda melhor!**

· *Entre 0 e 15 pontos*

Você não acredita muito em talento. Para você, "isto não existe". Ou então você se compara com Mozart e Picasso e acha que o talento passou longe... Talvez você não esteja disposto(a), por enquanto, a se aprofundar sobre este aspecto da sua personalidade, pois atualmente não está sentindo a necessidade de descobrir a si mesmo(a).

Mas espere um pouco: você sabe realmente o que se entende por talento? Saberia definir esta palavra e listar as coisas que podemos realizar quando temos consciência do nosso talento?

Uma última pergunta: como você se sentiria se decidisse alargar os seus limites para se desenvolver e correr atrás do que deseja?

Eu me sinto:

Uma definição para você se situar melhor

Talento:

Uma coisa que faz você se conectar ao prazer; uma coisa inata; uma desenvoltura para fazer aquilo que você já sabia fazer quando criança, mas talvez sob outra forma.
Esfera da vida na qual, de lembrança, você sempre se saiu bem!

Dom, talento, sorte, capacidade, aptidão, competência, sucesso... Como se situar no meio de tantos conceitos?

O talento em cinco palavras:

Para saber se estamos diante de um talento, é muito simples, deve-se levar em conta cinco fatores.

Potencialidade
Facilidade
Repetição
Prazer
Valorização

Pinte as primeiras letras das palavras mencionadas de preferência de vermelho, para deixá-las mais « marcantes ». O importante é memorizá-las.

Abreviando, para os que gostam de usar mnemotécnica, deve-se guardar a sigla **PFRPV**. Mas o que ela significa?

- **Potencialidade**:
É algo que eu sempre tenha sabido fazer. Não se trata de algo que eu tenha aprendido, mas sim de algo inato. Mesmo que tenha sido desenvolvido ou descoberto tardiamente, este talento faz parte de mim.

- **Facilidade**:
É algo que eu consiga executar facilmente. Quando eu o faço, é com desenvoltura e facilidade, e o resultado sempre fica bom.

- Repetição:

É algo que eu seja capaz de repetir, e não um sucesso esporádico. Posso inclusive citar vários exemplos.

- Prazer:

É algo que me dê prazer – um prazer ligado à facilidade de execução. O esforço que eu talvez tenha de realizar não « sugará » toda a minha energia. Quando eu o faço, não tenho dúvidas, mas, ao contrário, satisfação.

- Valorização:

É algo que seja valorizado pelos outros. Ter talento numa esfera específica significa ter facilidade na esfera em questão e ver que os outros a valorizam. « Eles dizem que eu... » Talento é algo que os outros podem enxergar, sentir e escutar claramente.

Passe cada talento que você descobrir pelo crivo desta sigla, sucessivamente. Se, para cada uma das cinco características, a resposta for « sim », isto quer dizer que **você realmente está diante de um talento que lhe é próprio.**

De que você gosta?

Primeira regra básica: Não desperdice toda a sua energia querendo melhorar os seus pontos fracos! **Em vez disto, aprenda a descobrir os seus pontos fortes e apoie-se neles.**

Para simplificar, digamos que a nossa crença de base, herdada da nossa cultura, resume-se da seguinte forma: **vencer na vida é o mesmo que solucionar os seus problemas. Ser inteligente é ser capaz de resolvê-los.**
Ora, quanto mais nos concentramos numa coisa, mais atraímos « vigor » para a coisa em questão. Se a única ferramenta que tiver for um martelo, você terá tendência a enxergar qualquer problema como um prego!

Portanto, quanto mais pensarmos numa coisa negativa, mais energia negativa atrairemos.

Pense em desejos como « Não quero mais ser dependente do cigarro » ou « Não estou mais suportando estes vinte quilos em excesso ». Eles nunca ajudaram realmente a parar de fumar ou emagrecer; são apenas desejos, e não motores, pois o pensamento permanece focalizado no que « está errado ». É mais interessante e proveitoso (e agradável!) « construir » sobre os recursos do que « cavar » problemas. **Portanto, é preciso aprender a ver o que está certo.**

Anote abaixo dez coisas que lhe dão prazer e que você não gostaria de mudar. Por exemplo: 1) escutar música no carro; 2) ler o jornal tomando o café da manhã; 3) caminhar uma vez por semana na floresta etc. Não comece a discorrer sobre as grandes razões da sua existência! **Pare apenas um**

instante para pensar nas pequenas coisas agradáveis do seu cotidiano. Isto já permitirá que você se reconecte consigo mesmo(a) e preste mais atenção no seu jeito de ser.

1.

2.

3.

4.

5.

6.

7.

8.

9.

10.

Destas dez coisas, você pode distinguir:

- as que dizem respeito a « **ritos de relaxamento** », ou seja, aquilo que lhe dá prazer, no cotidiano ou com frequência, e que você não tem vontade de mudar (mas, se tivesse de acontecer, você conseguiria se adaptar);

- e as que dizem respeito a « **questões vitais** », ou seja, aquilo cuja ausência afetaria você, trazendo um desconforto particularmente desagradável.

Defeitos, problemas e pontos fracos

A ideia diretriz de muitas pessoas é que **ao corrigir um defeito se desenvolve uma qualidade.** O modelo seguido é o dos defeitos, sendo imperativo identificar e consertar o que está errado.

Pense bem: é comum você transformar um defeito em qualidade? Se for o caso, qual é a proporção entre energia e resultado? 50/50? 80/20?

É preciso admitir que tais tentativas frequentemente terminam em fracassos. Mais vale desenvolver os seus pontos fortes para construir a si mesmo!

No entanto, isto não significa que não se deve fazer nada em termos de aperfeiçoamento e dizer: « Não consigo, então desisto de qualquer esforço! »

Primeira pergunta a ser feita: **tendo em vista a minha vida e o que eu quero, tal ponto fraco é indispensável? importante? vital? necessário? insignificante? inútil?** etc.

Se ele for inútil, não preste mais atenção nele!

Um exemplo: quero perder cinco quilos. Faz dez anos que estou tentando... em vão. Posso passar mais dez anos realizando os mesmos esforços para obter os mesmos resultados nulos! Porém, se os quilos a mais não estiverem afetando o equilíbrio da minha vida, bem, é melhor eu aceitá-los e viver tranquilamente.

Será que o seu ponto fraco (ou, se preferir, defeito) é tão insuportável a ponto de impedir você de viver plenamente ou é na verdade uma coisa incômoda (ou chata) com a qual você pode conviver?

Escolha as suas lutas: **aquelas que você instaura contra si mesm(a) durante muito tempo não servem para nada e só fazem o peso na consciência ou a baixa autoestima.**

Outro exemplo: a timidez, em certo grau, chama-se **discrição, reserva ou modéstia** e não afeta muito as suas relações sociais. Num outro grau, ela se torna uma desvantagem, impedindo a pessoa de evoluir agradavelmente e, às vezes, colocando-a em situações horríveis, como a vergonha, o sentimento de ser ridícula, a obrigação de aguentar tudo etc.

Numa escala de 1 a 10, anote no quadro a seguir como andam os seus resultados com relação aos seus esforços.

Se tirar nota 2, será que é útil, bom e inteligente querer alcançar a nota 10? Não seria melhor visar antes a nota 4 ou 5? Se você chegar lá, sem dúvida terá sido uma vitória acessível, necessária e **suficiente**.

Seja compreensível consigo mesmo(a). Parabenize-se pelo que realiza. Mesmo que lhe pareça pouco em comparação com o que você queria. No meio do caminho, qual é o seu primeiro reflexo? Olhar para a linha de chegada e pensar com desânimo: «Tsc, tsc, tsc... Ainda falta tudo isto!» ou olhar para o ponto de partida e pensar com satisfação: « Uau! Já?!»

E por que não olhar a linha final pensando com entusiasmo: « Que legal! Estou chegando cada vez mais perto! »
Há mil maneiras possíveis de interpretar uma situação. Qual delas mais lhe convém? Aquela com a qual você está acostumado(a) ou aquela que você gostaria de adotar, aquela que lhe estimularia?

« *Quem quiser escalar uma montanha, que comece por baixo* ».
Confúcio

Não busque a « perfeição »! A partir do momento em que o seu ponto fraco não (a) atrapalhar mais, você terá atingido o seu objetivo. É mais do que suficiente; **guarde a sua energia para desenvolver os seus pontos fortes em seguida.**

Quais são os seus pontos fracos?	Como você os considera?	Numa escala de 1 a 10, que nota você dá aos seus resultados?	Numa escala de 1 a 10, que resultados você gostaria talvez de alcançar?

Você vai progredir mais rápido, tanto profissional quanto pessoalmente, nas esferas em que os seus melhores talentos tiverem sido revelados do que naquelas em que você estiver enfrentando dificuldades. O importante não é fortalecer os pontos fracos, mas sim recuperar suficientemente o atraso para que eles não afetem os pontos fortes. Portanto, tenha em mente o **critério de utilidade** para os seus pontos fracos: será que é ou não é útil e necessário melhorá-los? Por quê, exatamente?

A estória da águia

Reflita sobre a famosa estorinha da águia, que às vezes parece tanto com a gente!

Conta uma lenda indiana que um dia um fazendeiro encontrou e colocou no galinheiro um ovo de águia. Uma galinha aceitou chocá-lo. Pouco tempo depois, o filhote de águia veio ao mundo e cresceu no meio de uma ninhada de pintinhos.

Durante toda a sua vida, ficou na fazenda e fez o que uma galinha normalmente faz: catar insetos, bicar grãos, brigar (um pouco) com as suas semelhantes, aguentar o mau humor do galo, tremer de medo quando uma raposa anda à caça e, à noite, entrar no galinheiro para dormir.

Tal como uma galinha, a águia cacarejava e engordava tranquilamente. Quando voava, batia asas somente por alguns metros. Afinal, é desta forma que as galinhas voam!

Assim se passaram os anos: idênticos, tranquilos e monótonos. A águia ficou velha, muito velha. Um dia, uma grande sombra passou por cima dela, lentamente. Surpresa, ela ergueu a cabeça e viu um magnífico e majestoso pássaro planando num céu sublime, graciosamente tirando proveito das correntes de ar ascendentes, sem mexer as suas asas douradas.

– Que lindo! – disse ela com admiração às suas vizinhas. – Que pássaro é aquele?

– É uma águia, a rainha dos pássaros – cacarejou uma galinha sem parar de bicar o chão. – Mas nem sonhe, você é apenas uma galinha, nunca será uma águia!

– Que pena! – suspirou ela, com inveja daquele admirável pássaro.

Mais tarde, chegou o dia em que ela morreu lamentando não ter sido mais do que uma galinha...

Você tem este tipo de pensamento?
Você nunca pensou que poderia ser uma águia?
Que você é uma águia?

E se a descoberta dos seus talentos lhe permitisse passar do estado de galinha ao de águia, o que você pensaria?

Na sua opinião, o que você acha que não sabe fazer?	O que aconteceria se você soubesse fazê-lo?	Você tem realmente certeza de que não sabe fazê-lo?
		Sim ☐ Não ☐ Talvez ☐
		Sim ☐ Não ☐ Talvez ☐
		Sim ☐ Não ☐ Talvez ☐
		Sim ☐ Não ☐ Talvez ☐
		Sim ☐ Não ☐ Talvez ☐

Como saber se você tem talento?

Ao declarar: « Eu tenho um dom natural na esfera... », você está reconhecendo a sua capacidade de repetir tal ou tal coisa. Por conseguinte, pode confiar em si mesmo(a). É vaidade? Não, apenas um componente da sua individualidade: tal tamanho, tal cor dos olhos e tal talento.

Volte ao passado! Frequentemente caracterizamos uma criança com uma palavra: « Mas você era um baita corajoso » ou « um verdadeiro faz-tudo »!

Tente lembrar que comentários positivos os adultos teciam sobre você. Se você tiver sido chamado(a) de criança birrenta ou nervosinha, não é, obviamente, o ideal. Porém, talvez também dissessem que você era uma criança sensível ou entusiasta...

Tanto quanto possa se lembrar, o que você fazia realmente bem quando criança? Em quê, com quê, em que situação?	
Naquela época, o que as pessoas diziam sobre você? O que fazia com que você fosse valorizado(a)?	

Concentre-se agora no presente. Chame dois ou três amigos e diga-lhes: « Estou fazendo um exercício. Você pode me dizer, em poucas palavras, o que você mais aprecia na minha personalidade? » Enfatize somente a necessidade de poucas palavras. Faça com que os seus amigos apontem aspectos precisos. Dizer: « Você é uma pessoa simpática » é demasiado vago. Por outro lado, afirmar que « Você sabe ouvir os outros » é bem mais preciso.

Quais são os pontos fortes e talentos identificados por três amigos seus que o(a) conhecem bem e gostam de você?	
Como as mesmas três pessoas definiriam ou apresentariam você em poucas palavras?	

Este exercício lhe fornecerá uma vantagem adicional: você vai aumentar a sua autoconfiança descobrindo o que os outros apreciam na sua personalidade, algo que você talvez nunca tenha ousado perguntar!

Dentre as respostas obtidas, você vai encontrar pontos em comum. Eles também são os elementos que constituem você. Anote-os no seu caderno para não esquecer. Na sua vida, haverá circunstâncias em que você verá o quão agradável é relê-los!

O rosto risonho abaixo é você. **_Ilustre-o preenchendo cada balão._** Por exemplo, « Para o João, eu sou... Para o José, eu sou... etc.

E você? O que acha de si mesmo(a)?

Ao elaborar a escala resumindo a sua vida, você anotou alguns pontos que aparecem de maneira recorrente. São os SEUS sucessos.

Sucesso
(Definição do *Larousse* de 2008)
s.m.
1. Resultado favorável, êxito.
2. Iniciativa, ação, obra que obtém sucesso.

Se você buscar as suas forças pessoais, certamente vai encontrá-las e seguir em frente. Se buscar as suas lacunas, também vai encontrá-las, mas ao mesmo tempo impor barreiras no seu caminho!

Hoje, que qualidades você acha que possui na sua vida, seja qual for a esfera?
Estabeleça uma lista de pelo menos cinco qualidades! Se possuir mais, acrescente-as!

1.
2.
3.
4.
5.

31

É difícil distingui-las? Então, rápido, mais um passo: vamos ver o que você sabe fazer direito e facilmente. Seja na sua vida profissional ou pessoal, nos seus momentos de lazer, há situações nas quais você aprende rápido e se sente à vontade, ocasiões nas quais as « coisas » lhe parecem simples. **Anote uns 10 exemplos.**

1.	6.
2.	7.
3.	8.
4.	9.
5.	10.

Às vezes, não ousamos afirmar as nossas próprias qualidades. Pensamos que todo mundo é igual. Todo mundo, realmente? E, mesmo que fosse verdade, qual seria o problema, já que estamos falando de você aqui?

Não se esqueça de que o seu nascimento foi a sua primeira vitória. De fato, a pessoa que você é hoje foi simplesmente o único espermatozoide vencedor de uma corrida desenfreada e mortal contra dezenas de milhões de outros!

« Quem quer fazer alguma coisa encontra um meio, quem não quer fazer nada encontra uma desculpa ».

Provérbio árabe

E, agora, imagine que alguém peça para você se apresentar e se caracterizar numa única palavra ou frase. O que você diria?

Pegue um lápis de cor e pinte o interior das letras a seguir:

Pessoas bem-sucedidas tiram proveito dos seus pontos fortes.

E os seus talentos específicos?

Vamos continuar a nossa exploração. O renomado Instituto Gallup entrevistou centenas de executivos e empresários, obtendo assim uma lista de reconhecidos talentos do setor privado. A lista a seguir se inspirou amplamente na que o instituto citado elaborou. Ela não é restritiva e consiste num guia a ser completado por outros talentos que você identificar em si mesma(a), sem se limitar ao plano profissional.

Leia-a com atenção e, toda vez que você se identificar, marque o talento que corresponder à sua personalidade.

Pequena observação: nenhuma palavra está sendo empregada com juízo de valor. Focalize-se no sentido que ela comporta.

☐ **O hiperativo:**
Ele precisa estar sempre fazendo alguma coisa para criar, seguir adiante, "empolgar" os outros. Sobressai-se quando se trata de lançamento. « OK, quando começamos »?

☐ **O flexível:**
Com flexibilidade e versatilidade, ele aceita o imprevisto facilmente, mesmo que as coisas aconteçam de uma forma diferente do que havia sido programado.

☐ **O estruturado:**
Específico e detalhista, ele decompõe os seus projetos em etapas e miniobjetivos. Precisa evoluir num universo previsível para construir os seus projetos.

☐ **O verificador:**
Analista, lógico e racional, ele gosta de fatos e quer provas de que o projeto esteja avançando. É calmo e verifica tudo. Os outros dizem que podem confiar nele.

☐ **O exato:**
Tendo tomado uma decisão, ele permanece focalizado no objetivo e emprega toda a sua energia até alcançá-lo. Pode ser comparado com um torpedo ou um *laser*.

☐ **O organizador:**
Ele funciona como uma máquina multitarefas e controla diversas variáveis ao mesmo tempo, para otimizar o resultado.

☐ **O líder:**
Ele sabe e adora comandar, dar ordens, encarregar-se das situações. Para ele, confronto não é problema.

☐ **O entusiasta:**
Ele enxerga o copo metade cheio e o lado bom de uma situação, mas com lucidez. Sobressai-se em reanimar os outros e enfatizar o que é positivo.

☐ **O responsável:**
Sua consciência da responsabilidade e dos valores faz com que ele só prometa e se envolva se puder. Honestidade, integridade e lealdade são os fundamentos da sua reputação.

☐ **O comunicativo:**
Como um contador de estórias, ele transmite uma mensagem tornando-a cativante. Ele trabalha a forma sem se contentar em narrar os fatos.

☐ **O convincente:**
Ele sabe convencer os outros, fazê-los aderirem ao seu ponto de vista, seduzir e "vender"...

☐ **O ímã:**
Inspirando um alto grau de confiança, ele sabe integrar as pessoas num grupo, associar e fidelizar.

☐ **O negociador:**
Ele estabelece relações de parceria e usa a sua criatividade para imaginar situações com pontos de vista diferentes, gerando harmonia ao seu redor.

☐ **O empático:**
Ele sabe se colocar no lugar do outro e sentir o que o outro está sentindo, mantendo, porém, a distância necessária para não ser "invadido" por suas emoções.

☐ **O competidor:**
Ele compara o seu desempenho com o dos outros e precisa disto para ganhar energia e ânimo. Como o seu objetivo é ser o melhor, ele consegue fazer sempre mais e melhor.

☐ **O revelador de talentos:**
Sabendo detectar potenciais ao seu redor, ele enxerga o que é único e específico nas outras pessoas a fim de apoiá-las e ajudá-las a evoluir.

☐ **O otimizador:**
Ele "sabe" onde se encontra a fonte. Ele descobre oportunidades, tem um "faro" aguçado e tira o melhor partido de um sistema para melhorar ainda mais o que já funciona bem.

☐ **O visionário:**
Ele capta as correntes e detecta antes de todos o que está para acontecer. Frequentemente pioneiro, tem uma forte visão do futuro.

☐ **O criativo:**
Abordando o mundo com um olhar novo, ele gosta de brincar com ideias e conceitos: "O que aconteceria se... e se depois... ou se..."

☐ O estrategista:
Determinando rapidamente as possíveis opções em função do seu objetivo e da situação presente, ele sabe estabelecer um diagnóstico fiável e escolher os melhores ângulos de abordagem.

☐ O colecionador:
Com uma viva curiosidade, ele gosta de aprender e acumular informações. "Sempre pode servir para alguma coisa!" Porém, não busca necessariamente se tornar *expert* numa área específica.

☐ O intelectual:
Às vezes desconectado de suas emoções, ele gosta de investigar, examinar minuciosamente, aprofundar-se nos assuntos e não ter uma visão superficial das coisas.

☐ O resiliente:
Certo de que sempre dará a volta por cima, as críticas não diminuem a sua segurança e autoconfiança. Ele se parece com os gatos, que sempre caem em pé.

Seja realista e concret(a)!

Você não marcou nenhum talento? Ou você se subestima (muito) ou percorreu a lista sem prestar muita atenção. Você seria capaz de identificar outros talentos?

Por exemplo, o **reparador** gosta de consertar o que está quebrado. Preciso e objetivo, ele encontra soluções para reparar tudo. O **mediador**, por sua vez, não busca o compromisso, mas sim um consenso em que cada um saia ganhando.

Você marcou todos os talentos? Ou você se sobrestima (muito) ou percorreu a lista sem prestar muita atenção! É importante ser realista e concret(a) para não ficar sonhando, desejando ou pretendendo, e para saber distinguir o que você é e o que gostaria de ser.

Pergunte-se que provas você pode apresentar para cada talento marcado. Você deve apresentar **mais de uma** prova.

Se você tiver se saído bem numa área uma única vez, trata-se de um sucesso esporádico. Certo, não é um talento propriamente dito, mas sim um bom desempenho num contexto específico (que talvez esconda um talento!). Pergunte-se se, **normalmente**, você possui tais talentos e passe-os em revista, apresentando pelo menos duas ou três provas.

Talentos	Provas

40

A sua lista provavelmente diminuiu, não é? É normal. Não estamos aqui para dar o prêmio de quem tem mais talentos, mas sim para determinar quais são **os SEUS**.

Os seus verdadeiros talentos

Vamos levar em frente a nossa seleção!

Em todos os talentos identificados – ou seja, naqueles dos quais você apresentou pelo menos duas provas concretas e reais –, aplique um segundo crivo para ver se você responde « sim » para cada conceito da sigla PFRPV. Se você responder « sim » toda vez, então tem mesmo o talento em questão! Caso contrário, não o deixe de lado! Talvez seja útil conservá-lo em algum lugar e ver se você pode desenvolvê-lo e aproveitá-lo.

Talentos	Potenciali-dade	Facilidade	Repetição	Prazer	Valorização
	Sim ☐ Não ☐	Sim ☐ Não ☐	Sim ☐ Não ☐	Sim ☐ Não ☐	Sim ☐ Não ☐
	Sim ☐ Não ☐	Sim ☐ Não ☐	Sim ☐ Não ☐	Sim ☐ Não ☐	Sim ☐ Não ☐
	Sim ☐ Não ☐	Sim ☐ Não ☐	Sim ☐ Não ☐	Sim ☐ Não ☐	Sim ☐ Não ☐
	Sim ☐ Não ☐	Sim ☐ Não ☐	Sim ☐ Não ☐	Sim ☐ Não ☐	Sim ☐ Não ☐
	Sim ☐ Não ☐	Sim ☐ Não ☐	Sim ☐ Não ☐	Sim ☐ Não ☐	Sim ☐ Não ☐
	Sim ☐ Não ☐	Sim ☐ Não ☐	Sim ☐ Não ☐	Sim ☐ Não ☐	Sim ☐ Não ☐
	Sim ☐ Não ☐	Sim ☐ Não ☐	Sim ☐ Não ☐	Sim ☐ Não ☐	Sim ☐ Não ☐
	Sim ☐ Não ☐	Sim ☐ Não ☐	Sim ☐ Não ☐	Sim ☐ Não ☐	Sim ☐ Não ☐
	Sim ☐ Não ☐	Sim ☐ Não ☐	Sim ☐ Não ☐	Sim ☐ Não ☐	Sim ☐ Não ☐
	Sim ☐ Não ☐	Sim ☐ Não ☐	Sim ☐ Não ☐	Sim ☐ Não ☐	Sim ☐ Não ☐

Agora você já sabe que talentos possui. É melhor ter dois ou três dos quais você esteja plenamente consciente e os quais possa utilizar de fato e regularmente do que ter uma lista completa e «largada às traças».

Se você só tiver um, já é melhor do que nada. Mas você tem certeza de que explorou suficientemente as suas qualidades intrínsecas?

Se você tiver encontrado quatorze ou quinze, analise-os colocando-se as seguintes questões:

- Por que é um talento?
- Como será que eu o expresso?
- Será que os outros reconhecem que eu o possuo?

Lembre-se: o objetivo é saber em que você pode se apoiar para fazer mais e melhor consumindo uma energia bastante moderada.

42

O talento diminui se não for utilizado!

Escreva no balão ao lado aqueles que você tiver conservado:

Meus talentos são:

O aprendizado a serviço do seu talento

Toda evolução pessoal implica necessariamente um aprendizado (cognitivo, comportamental ou ambos).

« Quem quiser se tornar um dragão deve primeiro comer muitas cobras pequenas».

Provérbio chinês

Passamos por quatro estágios:

- No início, **ignoramos a nossa incompetência.**

Por não ter andado nunca, o recém-nascido não tem ideia de que andar existe. Portanto, ele não sabe que não sabe andar.

- Depois, **temos consciência da nossa incompetência.**

Quero dirigir um carro, mas, como nunca dirigi antes, sei que não sou capaz de fazê-lo. A dificuldade frequentemente reside na equação errada que se faz entre « Não sei » e « Não vou saber ».

- Após o período de aprendizado, **temos consciência da nossa competência.**

Eu sei que sei fazer, mas preciso me esforçar e me concentrar.

- Por fim, passamos a **ignorar a nossa competência** por causa da prática e da experiência.

Dirijo o meu carro com facilidade, troco as marchas sem refletir e consigo escutar rádio ou conversar com os passageiros ao mesmo tempo. A minha competência se tornou inconsciente: não penso mais nos gestos a efetuar para chegar ao resultado. Estou realmente apto a organizar e empregar o conjunto dos meus conhecimentos teóricos e práticos com desenvoltura e, inclusive, com elegância.

> *O aprendizado nos faz deixar para trás uma incompetência da qual não temos consciência e adquirir uma competência da qual não temos mais consciência.*

Para passar do primeiro ao último estágio, eu utilizei essencialmente conhecimentos teóricos e práticos. Se eu acrescentar um talento, irei mais rápido, mais longe e com mais facilidade.

Inconsciente de sua incompetência		Consciente de sua competência
	TALENTO	
Consciente de sua incompetência		Inconsciente de sua competência

Liste o que você sabe fazer

O último estágio, no qual perdemos a consciência da nossa competência, faz surgir uma dificuldade: não sabemos que sabemos, assim como um peixe dentro d'água ignora que sabe nadar! É aí que o papel do *success partner* (cônjuge, patrão, amigo, treinador...) toma importância para revelar:

- seja o que você possui a mais ou melhor do que os outros e que faz a diferença,
- seja o que você possui e não vê, mas que pode ajudá-lo(a) a crescer.

Por que saber o que você sabe fazer?

Primeiro, para adquirir confiança. De fato, para agir, é essencial confiar:

- no que temos,
- no que somos,
- no que sabemos fazer,
- e no que vamos fazer.

E segundo, para saber em que podemos nos apoiar para evoluir e descobrir todas as forças à nossa disposição. Antes de empreender uma ação importante, **liste o que é necessário e o que se encontra à sua disposição para você alcançar êxito.**

Os seus talentos são uma dádiva. Se você os deixar sem cultivo, não acontecerá nada, e os seus pontos fracos terão espaço suficiente para se espalharem como ervas daninhas.

Cuidar bem de si mesmo é cuidar também dos seus talentos!

Meus talentos	Duas ou três situações concretas em que eles podem ser utilizados

Saiba exatamente o que você quer!

Determine com precisão o que você quer, aquilo de que gosta e o que d(a) estimula, a fim de se concentrar nos seus trunfos e verdadeiras forças. Comece esclarecendo as suas necessidades.

Quando alguém quer mudar para se aperfeiçoar e ir mais longe, é porque tem em vista um objetivo capaz de atender a uma necessidade sua insatisfeita. Por quê? Simplesmente porque somos seres com necessidades. Podemos querer « um pouco mais de uma coisa que nos agrada e da qual temos vontade » ou então « um pouco menos de uma coisa que nos desagrada e a qual não queremos mais ». Pode ser algo afetivo, físico, material, espiritual ou intelectual.

Uma das razões que nos leva a querer satisfazer as nossas necessidades é o fato de sentirmos prazer ao fazê-lo. Temos uma inclinação natural a buscar o prazer em vez do desprazer. Porém, é preciso ainda que algo nos incite a satisfazê-las, algo como o estímulo.

Para um indivíduo, o estímulo é a energia que lhe dá vida.

Trazer à tona a essência dos seus sonhos (de criança e de adulto) revela o estilo de vida que você deseja adotar e a pessoa que você deseja se tornar. São as chaves do seu objetivo de vida. Identificar as suas necessidades implica se perguntar primeiro:

- O que eu queria antigamente?
- De que preciso atualmente?

Quando criança, o que eu queria ser quando crescesse?
Responda às três questões a seguir como se você ainda fosse criança:

Quando eu crescer, vou ter...

Quando eu crescer, vou fazer...

Quando eu crescer, vou ser...

Sendo adulto, o que eu desejo?

Depois de cada resposta, reflita sobre o que você ganharia se tivesse ou fizesse tal coisa. Assim, você vai trazer à tona o que deseja em diversas esferas da vida e esclarecer as razões disto.

Perguntas	Respostas	O que eu ganharia com isto?
Se eu não tivesse de trabalhar para ganhar a vida, o que eu gostaria de fazer?		
Se eu ganhasse na loteria, quanto me satisfaria?	*Por exemplo, o suficiente para reembolsar o meu empréstimo imobiliário.*	*Por exemplo, uma tranquilidade financeira para poder me dedicar a outros projetos.*
Se um gênio realizasse os meus desejos e me desse o que eu quisesse em quantidade ilimitada, o que eu pediria?		
O que é preciso para a minha necessidade pessoal essencial ser satisfeita plena e permanentemente?		

> *« Aquele que tem um porquê na vida pode suportar qualquer como ».*
>
> Friedrich Nietzsche

Identifique os seus critérios de satisfação

O que nos estimulava quando éramos crianças permanece nos nossos valores de hoje. Crescemos e nos adaptamos, mas, com frequência, a força que nos dava vida perdura. Trazer à tona as coisas de que gostávamos ou não, permite estabelecer uma correlação entre elas e as nossas necessidades, dando, assim, mais contorno:

- ao que não podemos negligenciar,
- e ao que podemos aceitar perder (e que não nos faz falta), se a ocasião se apresentar.

<u>Volte o mais longe possível no passado e liste as coisas que você adorava e as que detestava e por quê:</u>

Eu adorava:	Porque:
—	—
—	—
—	—
Eu detestava:	**Porque:**
—	—
—	—
—	—

Agora, coloque-se no presente e hierarquize três grupos:

O que não é negociável para mim	O que eu desejo, mas aceito não ter (parcial ou pontualmente)	O que diz respeito a um grau de conforto
Por exemplo, ser subjugado(a) por um superior que fique vigiando e ditando cada ato meu sem me deixar a menor margem de manobra.	_Desejar um ambiente de trabalho agradável, com colegas simpáticos, mesmo que às vezes haja conflitos._	_Ser valorizado(a) no meu trabalho por pessoas que confiem em mim, a fim de me realizar profissionalmente e desenvolver as minhas competências._

Existe alguma ligação entre o que você adorava ou detestava quando criança e o que você classifica como importante agora que é adulto(a)?

Lembre-se do exercício no qual você anotou dez coisas que o(a) agradavam e que você não gostaria de mudar. Há semelhanças? Diferenças? Uma evolução?

Então, agora você já sabe do que precisa e do que gosta. Consegue estabelecer uma correlação entre os dois?

Como utilizar os seus talentos

Agir na direção certa é colocar os seus talentos a serviço dos seus objetivos. A partir de agora, como já os conhece, você sabe que dispõe de uma energia inesgotável que abre caminho para a ação. Mas o que você vai fazer com ela?

Primeiro, você precisa determinar o que quer alcançar. Que expectativas o seu projeto profissional deve cumprir? Você deseja se realizar através do seu trabalho? Ou ser valorizado(a) pelo seu desempenho? Ou ainda continuar aprendendo coisas novas?

O mesmo vale para o seu projeto pessoal: você espera melhorar as relações com a sua família ou com alguém em especial? Você gostaria de concretizar os planos que leva a sério?

Em seguida, encontre o ponto em comum das respostas às seguintes perguntas:

- O que é necessário para eu atingir tal objetivo?
- O que se encontra à minha disposição?

Ou, em outras palavras, o que é que você quer e a que meios pode recorrer para consegui-lo?

Não é o talento que determina o objetivo, é a utilização do talento que facilita a realização do objetivo.

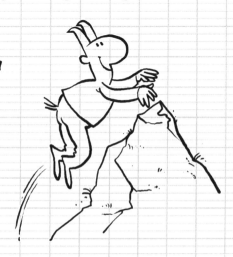

Não basta apenas ter um talento, é preciso cultivá-lo. Não é porque somos bons numa área que temos jeito para todos os aspectos desta mesma área. O talento está a serviço do objetivo, é a base sobre a qual você se apoia para alçar voo.

Complete o quadro a seguir, e você terá uma ideia mais clara do que deseja e da maneira de alcançá-lo.

Perguntas	Plano pessoal (vida conjugal, família)	Plano profissional	Plano social e relacional
Do que eu gosto?			
Do que eu não gosto?			
O que eu gostaria de melhorar, desenvolver (e que depende de mim)?			
Será que tenho vontade de fazê-lo? Ou será que é necessário? Uma obrigação? O que eu vou fazer? Qual é a minha estratégia?			
Será que posso conseguir sozinho(a)? Preciso da ajuda (apoio) de alguém? Se for o caso, de quem?			
Que obstáculos posso encontrar pela frente?			
Quais são as forças e talentos à minha disposição?			
Como pretendo me felicitar (me recompensar) quando tiver obtido sucesso?			
Quando é que tal objetivo deve ser alcançado? E quando vou começar?			

> *Talento é o bônus das suas capacidades existentes.*

Coloque mãos à obra

Os seus talentos só vão se desgastar se você não se servir deles. Portanto, utilize-os sem avareza e inclua a sua vida num círculo de sucesso:

O círculo virtuoso
do sucesso

Duplicar → **Aprender** → **Agir** → **Duplicar**

Aprender é tomar consciência de... De quê? Dos seus talentos (o que é inato), que, tendo sido ampliados através de conhecimentos teóricos e práticos (o que você adquire e deve desenvolver constantemente), constituem os seus pontos fortes.

Tais pontos fortes levam você ao segundo estágio: **agir**. É quando você coloca mãos à obra.

Depois, você **duplica** o modo de funcionamento assim identificado, o que oferece a oportunidade de aumentar o seu **aprendizado** e assim por diante. Portanto, você vai enriquecer com mais conhecimentos.

Pequena observação: duas variáveis não figuram neste esquema, a saber:

— o tempo
É a primeira coisa que se deve dedicar ao projeto e dar a si mesmo(a) para alcançar o sucesso. Quanto tempo você está disposto(a) a dedicar e investir para aprender, agir etc.?

— o prazer
Quando uma tarefa é prazerosa, o seu nível de facilidade aumenta consideravelmente.

« Um dia vale por três para quem faz cada coisa no seu tempo ».

Provérbio chinês

Ilustre esta máxima!

Nós e as nossas crenças

Crença é aquilo que admitimos como verdade sem ter verificado antes. Como não se pode verificar tudo, recorremos a mecanismos como a generalização. Sem as nossas crenças, a « realidade » seria igual a um queijo suíço, ou seja, cheia de buracos!

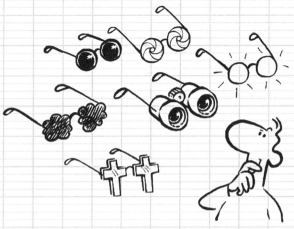

As crenças são úteis e reconfortantes, pois permitem que elaboremos uma representação compacta do que pensamos ser a realidade. São óculos que nos fazem enxergar o mundo sob um certo prisma: nítido ou confuso, iluminado ou sombrio... Alguns deles nos atrapalham, outros nos ajudam. De fato, os nossos comportamentos influenciam as nossas crenças e vice-versa.

Desvende algumas crenças suas:

Situações Acredito que.../Penso que...	Por que razões? Porque...
Duas coisas que desejo ardentemente: — —	
Duas coisas que não quero de jeito nenhum: — —	
Duas coisas difíceis para os outros, mas fáceis para mim: — —	
Duas qualidades que admito possuir: — —	

Aos seus lemas!

Diante de um imprevisto ou de uma situação que lhe pareça difícil, a sua primeira reação se assemelha a:

- É impossível!

- É difícil!

- Nunca vou conseguir!

- Quem não arrisca não petisca!

- Qual o problema?

- Quando começamos?
- Ou a sua expressão favorita: ...

Se, no seu trabalho ou no seu cotidiano, você tivesse um lema, seria:
- Vamos continuar assim!
- Não vamos mudar nada!
- Vamos pensar de outra forma!
- Vamos mudar tudo!
- Vamos!
- Ou o seu próprio lema: ...

Diante de um imprevisto ou de uma situação que lhe pareça difícil, com que figura o seu rosto se parece mais?

Que figura você prefere? Por quê?

A receita milagrosa do sucesso

De presente, veja abaixo uma receita deliciosa para você guardar no bolso, consultar regularmente, inclusive aprender de cor, e em seguida oferecer para alguém como se fosse um presente.

Como qualquer receita, é preciso acrescentar o seu toque pessoal, os seus próprios temperos, pois assim ela ficará ainda mais gostosa!

Basicamente, ela só necessita dos sete seguintes ingredientes:

A receita milagrosa do sucesso

Um largo feixe de clareza e uma grande porção de discernimento.

Uma enorme xícara de tolerância para consigo mesm(a).

Uma boa dose de humor.

Paixão a granel.

Autoconfiança em quantidade ilimitada.

Uma copiosa concha de consciência das suas capacidades.

Boas pitadas de prazer e satisfação.

Por que buscar os seus talentos?

Poderíamos ter começado este pequeno caderno de exercícios com esta pergunta. Bom, é com ela que vamos concluí-lo, depois de termos buscado juntos as suas necessidades, qualidades, conhecimentos práticos, desejos, sucessos e talentos. **É a combinação de talento + conhecimento teórico + conhecimento prático** que permite construir um ponto forte no qual você poderá se apoiar, assim como um alpinista se apoia no seu machado para escalar a montanha. Talento é o ponto determinante.

Por que buscar os seus talentos? Veja algumas razões que resumem o conjunto dos tópicos abordados aqui:

- Adquirir confiança
Agir é confiar no que temos, somos, sabemos fazer e pretendemos fazer. O talento permite saber a que podemos recorrer para seguir em frente.

- Alcançar os seus objetivos

O talento não determina o objetivo, mas a utilização do talento facilita a realização do objetivo. O talento está a serviço do objetivo.

- Aumentar os seus desafios

A vantagem de um talento é poder fazer mais e melhor com... mais facilidade! E também poder transpô-lo em diversas áreas, pois um talento não se limita a uma única esfera da vida.

- Aumentar os desafios dos outros

O risco não reside na inexistência ou ausência de talentos. A sorte consiste na minha aptidão a fazer os talentos dos outros emergirem e se desenvolverem. Todo o mundo possui pelo menos um talento para fazer mais e melhor.

- Evoluir pessoalmente

Raro não é o talento propriamente dito, mas sim o talento empregado adequadamente, no contexto certo. O meu talento só vai se desenvolver se eu permitir que ele se desenvolva.

- Saber utilizar os seus sucessos

Todos nós, um dia, já conseguimos alguma coisa. É importante aprender com os nossos erros, mas é graças aos nossos sucessos que progredimos, pois eles contribuem para aumentar as nossas capacidades.

Nós enfatizamos aqui que contar com o apoio dos seus pontos fortes é uma etapa essencial para obter sucesso com os seus projetos. Tal atitude dá sentido, ilumina, fornece energia, torna as coisas mais simples e fáceis e permite aspirar à excelência.

Faça uma lista dos seus sucessos. São eles que fazem ou farão você progredir!

Os seus talentos são a sua impressão digital, a sua essência, em suma, a pessoa que você é no seu melhor dia,

> **Os seus talentos são a sua impressão digital, a sua essência, em suma, a pessoa que você é no seu melhor dia.**

Coleção Praticando o Bem-estar
Selecione sua próxima leitura

- ☐ Caderno de exercícios para aprender a ser feliz
- ☐ Caderno de exercícios para saber desapegar-se
- ☐ Caderno de exercícios para aumentar a autoestima
- ☐ Caderno de exercícios para superar as crises
- ☐ Caderno de exercícios para descobrir os seus talentos ocultos
- ☐ Caderno de exercícios de meditação no cotidiano
- ☐ Caderno de exercícios para ficar zen em um mundo agitado
- ☐ Caderno de exercícios de inteligência emocional
- ☐ Caderno de exercícios para cuidar de si mesmo
- ☐ Caderno de exercícios para cultivar a alegria de viver no cotidiano
- ☐ Caderno de exercícios e dicas para fazer amigos e ampliar suas relações
- ☐ Caderno de exercícios para desacelerar quando tudo vai rápido demais
- ☐ Caderno de exercícios para aprender a amar-se, amar e – por que não? – ser amad(a)
- ☐ Caderno de exercícios para ousar realizar seus sonhos
- ☐ Caderno de exercícios para saber maravilhar-se
- ☐ Caderno de exercícios para ver tudo cor-de-rosa
- ☐ Caderno de exercícios para se afirmar e – enfim – ousar dizer não
- ☐ Caderno de exercícios para viver sua raiva de forma positiva
- ☐ Caderno de exercícios para se desvencilhar de tudo o que é inútil
- ☐ Caderno de exercícios de simplicidade feliz
- ☐ Caderno de exercícios para viver livre e parar de se culpar
- ☐ Caderno de exercícios dos fabulosos poderes da generosidade
- ☐ Caderno de exercícios para aceitar seu próprio corpo
- ☐ Caderno de exercícios de gratidão
- ☐ Caderno de exercícios para evoluir graças às pessoas difíceis
- ☐ Caderno de exercícios de atenção plena
- ☐ Caderno de exercícios para fazer casais felizes
- ☐ Caderno de exercícios para aliviar as feridas do coração
- ☐ Caderno de exercícios de comunicação não verbal
- ☐ Caderno de exercícios para se organizar melhor e viver sem estresse
- ☐ Caderno de exercícios de eficácia pessoal
- ☐ Caderno de exercícios para ousar mudar a sua vida
- ☐ Caderno de exercícios para praticar a lei da atração
- ☐ Caderno de exercícios para gestão de conflitos
- ☐ Caderno de exercícios do perdão segundo o Ho'oponopono
- ☐ Caderno de exercícios para atrair felicidade e sucesso
- ☐ Caderno de exercícios de Psicologia Positiva